Gregory Stock

Das Buch der Fragen

Dr. Gregory Stock

Das Buch der Fragen

Deutsch von
Alexander Schmitz

Wolfgang Krüger Verlag

Titel der Originalausgabe: »The Book of Questions«
Erschienen im Verlag Workman Publishing Company, Inc.,
New York

Deutsche Ausgabe:

Umschlaggestaltung: Manfred Walch, Frankfurt am Main
Satz: Fotosatz Otto Gutfreund, Darmstadt
Druck und Einband: Clausen & Bosse, Leck
Printed in Germany, 1988
ISBN-3-8105-1860-3

Für meine Eltern, denen ich zweierlei verdanke:
das Gefühl des Aufgehobenseins,
das Fragen ermöglicht – und die Unabhängigkeit,
nach eigenen Antworten zu suchen.

Vorbemerkung

Dies ist *kein* Buch trivialer Fragen – Sie brauchen also weder den Namen von Steffi Grafs Kindergärtnerin, noch, sagen wir, den des Vorstoppers in der Deutschen Nationalmannschaft von 1958 herauszufinden. Die Fragen hier sind von anderer Art – Fragen an Sie selbst. Sie betreffen Ihre Wertvorstellungen, Ihre Wünsche und Ihr Leben insgesamt; Liebe, Geld, Sex, Integrität, Großmut, Stolz und Tod; all das ist hier enthalten. Und damit eröffnet sich ein Weg, mehr über sich selbst und andere herauszufinden und sich mit ethischen Dilemmata konkret auseinanderzusetzen. So können diese Fragen durchaus so etwas sein wie ein Weg individuellen Wachstums, ein Werkzeug zur Vertiefung von Beziehungen, eine Hilfe zum Kennenlernen Fremder oder, ganz einfach, ein unterhaltsames Vergnügen.

Diese Fragen werfen Themen auf, die tiefgehende, nur Sie selbst betreffende Reflexionen erforderlich machen; sie können aber ebenso besondere Stimulans-Situationen auslösen, wenn sie gemeinsam mit anderen ausgelotet werden. Sie werden überrascht sein, wie effektiv diese Fragen zu Katalysatoren für ungewohnte und lohnende Diskussionen werden können. Eine vorübergehende Begegnung mit einer Frau in einem Café führte so zu einem regelrecht berauschenden, fünfstündigen Tête-à-tête. Ein Gespräch mit einem alten Freund vermittelte mir eine Reihe wertvoller neuer Einsichten über mein Leben. Und ein eher langweiliger Abend mit Bekannten verwandelte sich so in eine Begegnung, die bis in die frühen Morgenstunden dauerte.

Wenn wir Konversation betreiben, dann tauschen wir oftmals Floskeln aus, die uns davor bewahren, uns in dieser Konversation tatsächlich zu engagieren. Probieren Sie einfach diese Fragen aus und sehen Sie, was passiert. Erlauben Sie sich, all jene riskanten Fragen zu stellen, die Sie zuvor nicht wirklich zu fragen bereit gewesen waren – und all diese provokanten Gedanken zu äußern, die normalerweise von einer inneren Stimme geflüstert und bald wieder vergessen werden. Allzu häufig machen wir Rückzieher vor Fragestellungen, die uns peinlich oder aufdringlich erscheinen – und doch sind es gerade sie, die Wege aufzeigen können zu Verständnis und Intimität. Wenn Menschen jemandem begegnen, der neugierig ist und aufrichtig wissen möchte, was sie zu sagen haben, ohne ihre Gefühle zu verletzen, dann sind sie im allgemeinen sehr rasch und nachdrücklich bereit, über alles für sie Wichtige zu sprechen.

Sehr unterschiedliche Typen von Fragen werden hier geboten: Vor einigen werden Sie zurückschrecken, andere werden Sie anziehen. Wir reagieren intensiv auf Fragen, die unsere eigenen ungelösten Konflikte tangieren; also kann es sehr wohl sein, daß gerade jene Fragen, die Sie vermeiden wollen, diejenigen sind, die Sie eigentlich am intensivsten studieren müßten. Sind Sie fasziniert von Fragen über Gesundheit und Moral? Überspringen Sie Fragen mit sexuellen Assoziationen? In diesem Buch erkunden aufeinanderfolgende Fragen jeweils Themen, die nichts miteinander zu tun haben. Es ist also gleichgültig, ob Sie Seite für Seite lesen oder unsystematisch blättern – unerwartete Themen werden Sie so oder so antreffen. Und wenn Sie dann diese Fragen diskutieren, bedenken Sie bitte, daß Ton und Form der Antwort für die Kommunikation wichtiger sein können als die Worte an sich.

Auf die Fragen dieses Buches gibt es keine im üblichen Sinne »korrekten« oder »inkorrekten« Antworten; es gibt lediglich ehrliche und unehrliche. Können Sie wissen, was Sie in einer ungewöhnlichen Situation tun würden? Natürlich nicht. Dennoch besteht kein Grund, sich selbst zu behindern: Es eröffnet sich hier die Chance, Einsichten zu gewinnen, ohne die beschriebenen mißlichen Lagen tatsächlich durchleben zu müssen. Lassen Sie sich von diesen Situationen gefangennehmen, damit die Entscheidung, die es zu treffen gilt, auch wirklich Relevanz bekommt. Widerstehen Sie der Versuchung, einer Frage auszuweichen, indem Sie ihren Wirklichkeitsgehalt negieren oder Komplikationen aufbauen, die ihre Grundrichtung verwässern. Ignorieren Sie die Paradoxien des Zeitreisens ebenso wie die Unmöglichkeit verschiedenster magischer Kräfte. Erkennen Sie einfach an, daß Verhältnisse so sind, wie sie beschrieben werden, daß Vorgaben stimmen, daß Versprechungen erfüllt werden und auch, daß Sie all dies wissen, wenn Sie Ihre Entscheidungen treffen.

Antworten Sie nicht einfach nur mit »Ja« oder »Nein« auf diese Fragen – untersuchen und erklären Sie Ihre Reaktionen und verfolgen Sie interessante Linien. Nutzen Sie die Fragen als Ausgangsbasis und lassen Sie Ihrer Phantasie freien Lauf, wenn Sie mit den beschriebenen Situationen spielen. Übernehmen Sie eine aktive Rolle im Umgang mit den vorgesehenen Bedingungen, indem Sie sie erweitern, verändern und ausgestalten. Wenn Sie den Eindruck haben, eine Frage* sei im Detail mangelhaft oder überhaupt unklar, bieten Sie eine Hypothese, die das Problem korrigieren kann. Und wenn Sie so Ihre Wertvorstellungen und die Ihrer Freunde erkunden und herausfordern, dann werden Sie bald entdecken, daß Fragen weit mehr sein kann als nur ein unterhaltsamer Zeitvertreib.

* Bestimmte Fragen sind mit einem *Sternchen* gekennzeichnet, um anzuzeigen, daß korrespondierende Zusatzfragen im Anschluß an die Frage 224 im hinteren Teil des Buches zu finden sind.

Das Buch der Fragen

1 Wären Sie bereit, für eine Person, die Sie zutiefst lieben, in ein fernes Land zu ziehen, wenn Sie wissen, daß Sie Ihre Freunde und Ihre Familie sehr wahrscheinlich nicht wiedersehen werden?

2 Glauben Sie an Geister, Gespenster und böse Mächte? Wären Sie bereit, eine Nacht in einem abgelegenen Haus zu verbringen, in dem es angeblich spukt?

---

3 Wenn Sie heute abend sterben müßten und keine Gelegenheit mehr hätten, mit irgend jemandem zu sprechen – was würden Sie am meisten bedauern, zuvor nicht jemandem mitgeteilt zu haben? Und warum haben Sie es nicht längst gesagt?

4 Wenn Sie ein Jahr lang in vollkommenem Glück verbringen, sich danach aber an nichts mehr aus dieser Zeit erinnern könnten: Würden Sie das Angebot annehmen? Und wenn nicht, warum nicht?

5 Angenommen, eine Medizin würde entwickelt, die Arthritis heilen könnte, jedoch ein Prozent derjenigen töten würde, die sie einnähmen – würden Sie die Einführung befürworten?

6 Sie finden heraus, daß aufgrund einer Verwechslung im Krankenhaus Ihr wunderbares einjähriges Kind gar nicht das Ihre ist. Würden Sie das Kind austauschen wollen, um den Fehler zu korrigieren?

7 Glauben Sie, daß in hundert Jahren die Welt besser oder schlechter sein wird?

8 Wären Sie lieber Mitglied einer Weltmeister-Mannschaft oder Champion in einer Individualsportart? Welche Sportart würden Sie wählen?

9 Würden Sie für eine Million Mark das Land verlassen mit der Auflage, nie wieder zurückzukehren?*

10 Welches Geschlecht hat es in unserer Kultur leichter? Haben Sie je den Wunsch gehabt, vom anderen Geschlecht zu sein?

11 Sie haben die Macht, Menschen einfach dadurch zu töten, daß Sie an deren Tod denken und zweimal »Auf Wiedersehen« sagen. Die Leute würden dann eines natürlichen Todes sterben, so daß niemand Sie verdächtigen könnte. Gibt es Situationen, in denen Sie diese Macht einsetzen würden?*

12 Wenn Sie neunzig Jahre alt werden und dabei entweder den Körper oder den Geist eines/einer Dreißigjährigen bewahren könnten für die Dauer der verbleibenden sechzig Jahre: Wofür würden Sie sich entscheiden?

13 Was würde für Sie einen »perfekten« Abend ausmachen?

14 Wären Sie lieber höchst erfolgreich im Beruf bei einem annehmbaren, jedoch uninteressanten Privatleben, oder hätten Sie lieber ein höchst glückliches Privatleben und dafür ein annehmbares, jedoch uninspiriertes Berufsleben?*

15 Wen bewundern Sie am meisten?
In welcher Weise beeinflußt Sie diese Person?

16 Wenn Sie zum Zeitpunkt der Geburt Ihres Kindes dessen späteren Beruf bestimmen könnten, so daß es diesen auch ergreifen würde: Wären Sie bereit dazu?

17 Wären Sie willens, körperlich extrem häßlich zu werden, wenn Sie dafür 1000 Jahre lang in einem Alter Ihrer eigenen Wahl leben dürften?*

18 Wenn Sie morgen früh beim Aufwachen irgendeine neue Fähigkeit oder Qualität erworben hätten – welche sollte das dann sein?

19 Sie haben die Chance, jemandem zu begegnen, mit dem Sie eine ganz und gar erfüllte Liebe erleben könnten – ein wahr gewordener Traum. Sie wissen aber, daß diese Person nur noch sechs Monate zu leben hat. Auch wenn Sie sich die Qualen vergegenwärtigen, die folgen würden: Möchten Sie diese Person trotzdem treffen und sich in sie verlieben? Was wäre, wenn Sie wüßten, daß diese Person zwar nicht sterben, Sie aber betrügen würde?*

20 Wenn Sie wüßten, wie nach Ihrem Tode Ihr Nachlaß von größtem Nutzen für die Menschheit sein könnte – würden Sie ihn dann auch entsprechend eingesetzt wissen wollen, so daß für Ihre Angehörigen nur noch ein Bruchteil übrigbleibt?

21

Sind Sie lieber mit Frauen oder mit Männern zusammen? Sind Ihre engsten Freunde mehrheitlich Männer oder Frauen?

22

Wenn Sie eine Voodoo-Puppe hätten, mit der Sie einer beliebig wählbaren Person Schaden zufügen könnten: Würden Sie es tun?

23 Sie sind auf Reisen in einem anderen Land, und Ihr(e) Partner(in) – oder Ihr(e) Geliebte(r) – verbringt die Nacht mit einem/r aufregenden Fremden. Gesetzt, die beiden würden sich danach nie wieder treffen, und Sie würden auf andere Weise nichts von dem Vorfall erfahren – würden Sie wollen, daß Ihr(e) Partner(in) Ihnen trotzdem beichtet? Bei vertauschten Rollen: Würden Sie ihm/ihr offenbaren, was Sie getan haben?*

24 Gibt es Menschen, die Sie so sehr beneiden, daß Sie gern mit ihnen tauschen würden? Wenn ja: Wer sind sie?

25 Wären Sie bereit, einen schönen Schmetterling durch Herausreißen seiner Flügel zu töten, wenn Sie dafür eine Woche lang Urlaub inklusive Erstattung sämtlicher Auslagen gewännen? Wie wäre das mit dem Tottreten einer Küchenschabe?*

26 Wären Sie bereit, eine unschuldige Person umzubringen, wenn das den Hunger in der Welt beenden würde?*

27 Wenn Ihnen in einer Reihe lebhafter und bewegender Träume Gott erscheinen und Ihnen befehlen würde, alles hinter sich zu lassen, ans Rote Meer zu fahren und Fischer zu werden – würden Sie das tun? Und wenn der Befehl hieße, Ihr eigenes Kind zu opfern?

28 Welche Erinnerung ist Ihnen die kostbarste überhaupt?

29 Haben Sie je irgend jemanden gehaßt? Wenn ja, warum und wie lange?

30 Hätten Sie es lieber, 50000 Mark zum eigenen Verbrauch oder 500000 Mark zu bekommen, um sie anonym an Fremde weiterzugeben? Was wäre, wenn Sie fünf Millionen Mark behalten oder einhundert Millionen Mark weggeben könnten?

31 Wenn Sie wüßten, daß in einer Woche ein Atomkrieg ausbräche – was würden Sie dann tun?

32 Würden Sie zwanzig Jahre ungewöhnlichen Glücks und tiefster Erfüllung auch dann akzeptieren, wenn das bedeuten würde, daß Sie nach Ende dieser Zeit sterben müßten?

33 Was war in Ihrem bisherigen Leben Ihre größte Leistung? Glauben Sie, noch etwas Größeres leisten zu können?

34 Erinnern Sie sich an Ihren bisher schönsten Traum? An den schrecklichsten Alptraum?

35 Würden Sie die Hälfte all Ihrer Habe für eine Pille mit der Wirkung geben, daß Ihnen täglich nur eine Stunde Schlaf genügte, um wieder vollkommen frisch zu sein?*

36 Wenn Sie wüßten, daß Sie sich fortan ganz und gar einer einzigen Beschäftigung widmen könnten – Musik, Schriftstellerei, Schauspielerei, Politik, Medizin o. ä. – und auf Ihrem Gebiet eine(r) der Besten und Erfolgreichsten in der ganzen Welt wären: Was würden Sie wählen? Und wenn Sie wüßten, daß Sie nur mit zehnprozentiger Wahrscheinlichkeit so erfolgreich werden würden: Würden Sie den Versuch trotzdem unternehmen?

37

Was war Ihre schönste Erfahrung mit Drogen oder Alkohol? Und was war Ihre schlimmste?

38 Wenn Sie zu einer Dinner-Party gingen und Ihnen ein Gericht angeboten würde, das Sie noch nie zuvor probiert haben – würden Sie auch dann davon essen, wenn sein Name eigenartig und alles andere als reizvoll wäre?

39 Sind Ihre engen Freunde eher älter oder eher jünger als Sie?*

40 Wenn die Person, mit der Sie verlobt sind, einen Unfall erlitte und fortan querschnittgelähmt wäre: Würden Sie heiraten oder davor zurückschrecken?

41 Ihr Haus, das alles birgt, was Sie besitzen, steht in Flammen. Nachdem Sie Ihr Leben und Ihre Haustiere gerettet haben, ist ausreichend Zeit geblieben, noch einmal hineinzulaufen und einen einzigen Gegenstand herauszuholen. Welcher Gegenstand wäre das?

42 Wie würden Sie auf die Auskunft Ihrer(s) Geliebten reagieren, daß er/sie eine gleichgeschlechtliche Beziehung hatte, bevor Sie sich kennenlernten?*

43 Wann waren Sie zum letzten Mal in eine Prügelei verstrickt? Wie kam es dazu, und wer war Sieger?

44 Ihnen werden fünf Millionen Mark für folgendes »Spiel« geboten: Vor Ihnen liegen zehn Pistolen, aber nur eine ist geladen. Sie sollen eine Pistole aufnehmen, sie an Ihre Stirn setzen und abdrücken. Wenn Sie davonkommen, sind Sie mehrfacher Millionär. Würden Sie das Risiko auf sich nehmen?

45 Jemand, der Ihnen sehr nahe steht, hat entsetzliche Schmerzen, ist gelähmt und muß binnen eines Monats sterben. Sie/er bittet Sie, ihr/ihm Gift zu geben, damit sie/er sterben kann. Würden Sie das tun? Wie würden Sie reagieren, wenn diese Person Ihr Vater/Ihre Mutter wäre?*

46 Wann haben Sie das letzte Mal für sich gesungen? Und für andere?

47 Sie haben die Macht, jede beliebige Distanz in die Zukunft hinein zu beschreiten und nach einem Jahr zurückzukehren, und zwar mit all dem Wissen, das Ihnen Ihre Erfahrung eingebracht hat, jedoch ohne physische Objekte. Würden Sie die Zeitreise auch unternehmen, wenn sie mit fünfzigprozentiger Sicherheit Ihren Tod bedeutete?

48 Sie dürfen frei irgendeine Person auswählen: Wen würden Sie gern zum Dinner einladen? Wen als engen Freund haben? Wen als Ihre(n) Geliebte(n)?*

49 Beim nächtlichen Einparken zerschrammen Sie leicht die Seite eines Porsche; Sie sind sicher, daß niemand sonst weiß, was geschehen ist. Der Schaden ist minimal und kein Fall für die Versicherung. Würden Sie eine Nachricht hinterlassen?

50 Wenn Sie die Art Ihres Todes wählen könnten – wie sähe die aus?*

51 Haben Sie irgendwelche speziellen Langzeit-Ziele? Nennen Sie eines und sagen Sie, wie Sie es zu erreichen planen.*

52 Für was in Ihrem Leben empfinden Sie tiefste Dankbarkeit?

53 Wie reagieren Sie, wenn Leute in einem Restaurant für Sie »Happy Birthday To You« singen?

54 Was ist Ihrer Vorstellung nach die schlimmste psychische Folter? (Jegliche körperliche Schädigung ist auszuschließen.)

55 Sähen Sie es gern, wenn Ihr/Ihre Partner/Partnerin aufgeweckter und attraktiver wäre als Sie?

56 Sie entdecken, daß ein(e) gute(r) Freund(in) Aids hat. Gehen sie ihm/ihr aus dem Weg? Was wäre, wenn Ihr Bruder oder Ihre Schwester betroffen wäre?

57 Wären Sie bereit, dann ein Jahr lang auf Sex zu verzichten, wenn Sie wüßten, daß Ihnen das ein sehr viel tieferes Gefühl inneren Friedens geben würde, als Sie es zur Zeit kennen?

---

58 Ein(e) gute(r) Freund(in) reißt auf Kosten einer Ihrer Schwächen einen groben Witz, der prächtig ankommt und Sie lächerlich macht. Wie sähe Ihre Reaktion aus?*

59 Würden Sie Ihrem Leben ein Jahr hinzufügen, auch wenn das ein Jahr weniger für irgendeinen zufällig in der Welt gewählten anderen Menschen bedeuten müßte? Wäre es von Belang, wenn man Ihnen sagte, wessen Leben Sie verkürzt hätten?

60 Können Sie vor jemand anderem urinieren?

61 Gesetzt, Sie verlassen eines Morgens das Haus und sehen einen Vogel mit gebrochenem Flügel sich unter nahem Gebüsch zusammenkauern. Was würden Sie tun?

---

62 Angenommen, es gäbe einen technologischen Durchbruch, der den Menschen erlaubte, so leicht und billig zwischen Kontinenten zu reisen wie zwischen nahen Städten. Unglücklicherweise würde dieser Durchbruch aber auch jährlich 100000 Tote bedeuten. Würden Sie dieses Novum zu verhindern suchen?*

63 Sie und eine Person, die Sie sehr lieben, werden in getrennten Räumen mit je einem nahe erreichbaren Knopf untergebracht. Sie wissen, daß Sie beide sterben müssen, wenn nicht einer von Ihnen seinen Knopf noch vor Ablauf von sechzig Minuten drückt; hinzu kommt: Der erste, der seinen Knopf drückt, rettet das Leben des Partners, muß dafür selbst aber sofort sterben. Was glauben Sie, täten Sie in dieser Lage?

64 Wenn Sie eine Geschichte erzählen – übertreiben Sie dann oft oder schmükken Sie kräftig aus?
Wenn ja, warum?

65 Haben Sie den Eindruck, daß ein Rat von älteren Menschen besonderes Gewicht aufgrund ihrer größeren Erfahrung hat?*

66 Ohne Ihre Niere als Transplantat müßte jemand, der Ihnen nahe steht, binnen eines Monats sterben. Die Wahrscheinlichkeit, daß Sie die Operation überleben würden, steht bei fünfzig Prozent; aber sollten Sie überleben, dann wäre Ihnen eine normale Lebenserwartung gewiß. Würden Sie sich auf diese Operation einlassen?*

67 Wann hat sich, als Resultat einer augenscheinlich zufälligen äußeren Einflußnahme, Ihr Leben dramatisch geändert? In welchem Maße glauben Sie an die Kontrollierbarkeit des eigenen Lebensweges?*

68 Wenn einer Ihrer Freunde fast immer zu spät käme: Würden Sie ihm das übelnehmen oder es einfach durchgehen lassen? Kann man auf Sie als im allgemeinen pünktlich rechnen?

69 Wann haben Sie zum letzten Mal jemanden angeschrien? Warum? Haben Sie es später bedauert?

70 Wären Sie willens, ein Jahr lang Nacht für Nacht schreckliche Alpträume zu haben, wenn man Sie dafür mit außergewöhnlichem Wohlstand belohnte?*

71

Wenn Ihnen fünf Jahre lang gratis und uneingeschränkt die Dienste eines außerordentlich guten Kochs, einer ebensolchen Haushälterin, einer Masseuse oder eines/r persönlichen Sekretärs/in zustünden, für wen von diesen würden Sie sich entscheiden?

72 Wären Sie bereit, in ein Schlachthaus zu spazieren und eine Kuh zu töten? Essen Sie Fleisch?

73 Würde es Ihnen Freude machen, einen Monat in schöner und natürlicher Umgebung zu verbringen? Verpflegung und Unterkunft würden gestellt; nur dürften Sie keinen anderen Menschen sehen.

74 Nach einer medizinischen Untersuchung ruft Sie die Ärztin nochmals zu sich und teilt Ihnen mit schwerer Stimme mit, daß Sie einen ganz seltenen lymphatischen Krebs und nur noch wenige Monate zu leben haben. Fünf Tage später informiert sie Sie, daß die Labortests falsch beschriftet worden und Sie vollkommen gesund seien. Einen Augenblick lang haben Sie also dem Tode ins Antlitz geschaut und dürfen sich nun doch wieder abwenden und Ihrer Wege gehen. Im Verlauf dieser schwierigen Tage werden Sie sicherlich einige Einsichten über sich selbst gewonnen haben. Glauben Sie, daß diese Einsichten die erlittenen Qualen wert waren?

75 Es ist ein heißer Sommernachmittag. Sie überqueren zu Fuß den Parkplatz eines großen Einkaufszentrums und sehen einen Hund, der jämmerlich unter der Hitze in einem verschlossenen Wagen leidet. Was tun Sie?

76 Fühlen Sie sich unwohl, wenn Sie alleine zu einem Essen oder ins Kino gehen? Wie ist es mit Urlaub, den Sie allein verbringen?

---

77 Wenn Sie wüßten, daß Sie in einem Jahr sterben müßten – würden Sie irgend etwas an Ihrer gegenwärtigen Lebensweise ändern?

78 Würden Sie für 50000 Mark drei Monate lang darauf verzichten, sich zu waschen, Ihre Zähne zu putzen oder Deodorant zu benutzen? Nehmen Sie dabei an, daß Sie Ihre Gründe keinem Menschen mitteilen könnten – aber auch, daß Ihre Karriere durch diese Episode nicht gestört würde.

79 Würden Sie lieber mit fünfzig unter Freunden oder mit achtzig und ganz allein sterben? Nehmen Sie dabei an, daß die Mehrzahl der zusätzlichen dreißig Jahre gute Jahre wären.

80 Wenn Sie herausbekämen, daß Ihr(e) engste(r) Freund(in) ein Heroin-Dealer wäre, was würden Sie tun?

81 Fällt es Ihnen leicht, Hilfe anzunehmen, wenn Sie sie brauchen? Wann bitten Sie um Hilfe?

82 Gesetzt den Fall, Sie beteiligten sich daran, für einen karitativen Zweck Geld aufzutreiben und irgend jemand wäre bereit, einen großen Beitrag zu leisten, aber nur, wenn Sie bei einer geplanten Benefiz-Show auftreten würden. Würden Sie? Wenn ja, was würden Sie gerne auf- oder vorführen? Gehen Sie davon aus, daß diese Live-Show etwa 1000 Zuschauer hätte.

---

83 Würden Sie sich chirurgisch einen Finger amputieren lassen, wenn dieses Opfer Immunität gegenüber allen anderen schweren Krankheiten garantierte?

84 Wären Sie gern berühmt? In welcher Weise?

85 Wie stellen Sie sich Ihre Beerdigung vor? Wäre es wichtig für Sie, an Ihrem Grabe viele Menschen trauernd zu wissen?*

86 Welche der folgenden Bedingungen könnten Sie leichter erfüllen: das Land, in dem Sie leben, für immer zu verlassen – oder es niemals zu verlassen?

87 Sie, Ihr(e) engste(r) Freund(in) und Ihr Vater verbringen den Urlaub gemeinsam, indem sie sich durch einen fernen Dschungel schlagen. Ihre beiden Begleiter stolpern in ein Nest voller giftiger Vipern und werden wiederholt gebissen. Ihnen ist bewußt, daß keiner von beiden ohne eine sofortige Injektion von Antiserum noch lange zu leben hätte. Es ist nur eine einzige Dosis dieses Serums vorhanden – in Ihrer Tasche: Was würden Sie tun?

88 Wenn Sie das Geschlecht und das körperliche Erscheinungsbild Ihres bald zur Welt kommenden Kindes bestimmen könnten – würden Sie es tun?*

89 Würden Sie lieber irgendein Spiel mit jemandem spielen, der mehr oder weniger talentiert wäre als Sie? Machte es Ihnen etwas aus, ob jemand – und wenn ja, wer – zuschauen würde?

90 Gibt es etwas in Ihren Träumen, was Sie schon seit langem tun wollten? Warum haben Sie es dann nicht schon getan?*

91 Sie sind Mitglied der Regierung und entdecken, daß der Bundeskanzler sich der Erpressung und anderer ernster Vergehen schuldig macht. Ihre Aufdekkung dieser Mißstände könnte den Sturz des Kanzlers zur Folge haben, aber auch die Zerstörung Ihrer eigenen Karriere, weil Sie verleumdet, entlassen und öffentlich in anderen Angelegenheiten gedemütigt würden – wären Sie bereit zu der Initiative? Und wenn Sie wüßten, daß Ihr Tun keinerlei Rechtfertigung erfahren würde?

92 Auf einer stark belebten Hauptverkehrsstraße spricht Sie unter Entschuldigungen ein gut gekleideter Fremder an und bittet Sie um ein paar Mark für den Bus und zum Telefonieren. Er sagt, er habe seine Brieftasche verloren. Was würden Sie tun? Wenn nun ein eher zerlumpter Fremder auf Sie zukäme und angäbe, Hunger zu haben und keine Arbeit finden zu können – was täten Sie dann?

93 Wenn Sie sich durch den Verlust Ihres Lebens so verdient um die Welt machen könnten, daß Sie postum von allen Nationen geehrt werden würden, wären Sie dann dazu bereit? Wenn ja – würden Sie sich auch dann opfern, wenn Sie wüßten, daß Sie weiterhin unbekannt blieben und an Ihrer Stelle jemand die Ehrungen erlangen würde, den Sie zu Lebzeiten partout nicht leiden mochten?

94 Sie wissen, daß Sie eine fünfzigprozentige Gewinnchance haben und das Zehnfache Ihres Einsatzes gewinnen würden. Welchen Teil Ihres derzeitigen Einkommens würden Sie setzen?

95 Welche Ihrer Angewohnheiten sind zwanghaft? Bemühen Sie sich immer wieder darum, diese Angewohnheiten abzulegen?

96 Sie wissen, daß Sie binnen dreier Monate an einer unheilbaren Krankheit sterben müssen. Wären Sie bereit, sich einfrieren zu lassen, wenn Sie wüßten, daß Ihnen das eine bescheidene Chance einräumt, nach 1000 Jahren wieder aufgetaut zu werden, um dann ein erheblich verlängertes Leben zu führen?

97 Sie durchfahren nachts Ihre sichere, aber völlig verlassene Nachbarschaft, als unvermittelt ein Hund direkt vor Ihrem Wagen auftaucht. Obwohl Sie heftig auf die Bremsen treten, verletzen Sie das Tier. Würden Sie anhalten, um nachzuschauen, wie schwer seine Verletzung ist?
Wenn ja: Wenn Sie dabei entdecken, daß der Hund tot ist, aber ein Namensschild am Halsband trägt – kontaktieren Sie seinen Eigentümer?

98 Wonach streben Sie zuallererst in Ihrem Leben: nach Vervollkommnung, Sicherheit, Liebe, Macht, Auf- und Erregung, nach Wissen oder nach etwas anderem?

99 Ein exzentrischer Millionär bietet an, für einen guten Zweck eine große Summe zu stiften, aber nur, wenn Sie – völlig nackt – aus einem Wagen auf eine äußerst belebte Straße wechseln, vier Querstraßen weit zu Fuß gehen und dann wieder in den Wagen einsteigen würden. Wenn Sie wüßten, daß man Sie nicht tätlich angriffe – würden Sie es tun?*

100 Wie eng und warmherzig lebt Ihre Familie zusammen? Haben Sie den Eindruck, daß Ihre Kindheit glücklicher war als die der meisten anderen Menschen?*

101 Steigert oder mindert die Tatsache, daß Sie irgend etwas noch nie zuvor getan haben, den Reiz, es zu tun?

102 Wären Sie willens, fünf Jahre lang auf Sex zu verzichten, wenn Sie dafür jede Nacht wunderbar sinnliche und erotische Träume haben könnten?

103 Bei Tisch fangen Ihre Freunde an, über einen gemeinsamen Bekannten in herabsetzender Weise zu sprechen. Gesetzt den Fall, Sie empfänden deren Kritik ungerechtfertigt, würden Sie dann die abwesende Person verteidigen?

104 Unternehmen Sie für gewöhnlich besondere Anstrengungen, jemandem zu danken, der Ihnen einen Gefallen getan hat? Wie reagieren Sie, wenn man Ihnen nicht dankt?

105 Hätten Sie es gerne, wenn der Prozeß Ihres Alterns um den Faktor dreißig verlangsamt würde, so daß Ihre Lebenserwartung auf ungefähr zweitausend Jahre anwüchse?*

106 Sie sind eingeladen zu einer Party, auf der eine Vielzahl faszinierender Menschen erwartet wird; Sie kennen aber niemanden. Würden Sie hingehen, wenn Sie allein gehen müßten?

107 In welcher Dreijahresperiode seit Ihrer Jugendzeit glauben Sie das Maximum an persönlichem Wachstum und Wandel erlebt zu haben?

108 Wenn Sie bei einem wichtigen Test Schwierigkeiten bekämen, aber risikolos durch Abgucken bei jemand anderem betrügen könnten – würden Sie's tun?*

109 Wenn Ihre Eltern so gebrechlich würden, daß die einzige Alternative zu deren Unterbringung bei Ihnen zu Hause die Einweisung in ein Altersheim wäre, würden Sie das dann tun? Wie verhielte sich das mit einer Schwester oder einem Bruder, die/der durch eine Verletzung lebenslang zum Krüppel würde und – außer zu Ihnen – nirgendwo anders hingehen könnte als in ein Heim?

110 Zum Erntedankfest werden Sie zum Essen zu einem/r Freund(in) eingeladen und finden in Ihrem Salat einen Käfer. Was tun Sie?

111 Wenn Sie einen Monat lang an einen beliebigen Ort in der Welt reisen dürften und Geld keine Rolle spielte, wohin würden Sie fahren und was würden Sie dort tun?

112 Wären Sie bereit, Ihre Lebenserwartung um fünf Jahre zu kürzen, wenn Sie dafür außergewöhnlich attraktiv wären?

113 Wenn Sie die Fähigkeit hätten, sich selber in die Vergangenheit zu transportieren, ohne je zurückkehren zu können – würden Sie es tun? Wohin würden Sie dann gehen, und was würden Sie erreichen wollen, wenn Sie wüßten, daß Sie den Gang der Geschichte verändern könnten?*

114 Wie viele verschiedene Sexualpartner hatten Sie in Ihrem Leben? Würden Sie es vorziehen, mehr oder weniger gehabt zu haben?

115 Haben Sie jemals Selbstmord erwogen? Was ist Ihnen so wichtig, daß Ihnen Ihr Leben ohne das nicht mehr lebenswert erschiene?

---

116 Wenn Ihre Freunde und Bekannten bereit wären, Ihnen ohne Rücksicht und absolut ehrlich zu sagen, was sie wirklich von Ihnen halten – würden Sie wollen, daß sie es täten?*

117 Wenn Ihr Land Ziel eines unprovozierten atomaren Angriffs und binnen weniger Minuten völlig ausgelöscht würde, wären Sie dann dafür, gegen die Angreifer das nukleare Arsenal einer verbündeten Großmacht, etwa der USA einzusetzen?

118 Würden Sie 50 000 Mark annehmen unter der Bedingung, sich den Kopf kahlzuscheren und Ihren alltäglichen Aktivitäten weiter nachzugehen, allerdings ohne Kopfbedekkung oder Perücke und ohne die Möglichkeit, Ihre Totalrasur zu erläutern?

119 Wenn Sie morgen früh im Körper eines anderen Menschen erwachen könnten, würden Sie es wollen? Und wen würden Sie auswählen?

120 Wenn Sie glücklich verheiratet wären und dann jemanden träfen, von dem Sie das sichere Gefühl hätten, daß er/sie Ihnen tiefe Leidenschaft und berauschende Liebeserlebnisse geben könnte – würden Sie Ihre(n) Partner(in) dann verlassen? Was wäre, wenn Sie Kinder hätten?

121 Wer ist der wichtigste Mensch in Ihrem Leben? Was würden Sie tun, um die Beziehung zu verbessern? Würden Sie es überhaupt tun?

122 Angenommen, völlige Genesung wäre gesichert: Wären Sie gewillt, ein Jahr lang vom Hals abwärts völlig gelähmt zu sein, wenn Sie auf diese Weise die andernfalls unvermeidliche Ausrottung des Blauwals verhindern könnten?*

123 Sind Sie für die Todesstrafe? Wären Sie willens, einen zum Tode verurteilten Mann zu exekutieren, wenn Sie dazu durch Losentscheid bestimmt werden würden, er aber sein Leben behielte, wenn Sie sich weigern würden? Nehmen Sie dabei an, daß Ihnen Details des Strafverfahrens unbekannt sind.

124 Wenn Sie nachträglich beliebige Dinge ändern könnten, die Ihre Erziehung im Elternhaus betreffen – was würde das sein?*

125 Sie sind mit Freunden an einem See; die Sonne ist warm, und das Wasser ist kalt. Ins Wasser zu gehen würde Sie mit Sicherheit frieren lassen, aber alle anderen springen hinein. Würden Sie als einzige/r zurückbleiben?

126 Glauben Sie an irgendeine Art Gott? Wenn nicht, würden Sie dennoch beten, wenn Sie in einer lebensbedrohenden Lage wären?

127 Irgendwann unterwegs nehmen Sie überrascht wahr, daß Ihre Mutter Händchen hält mit jemandem, der ganz offenkundig ihr Geliebter ist. Sie bemerkt Sie, kommt zu Ihnen gelaufen und fleht Sie an, Ihrem Vater nichts davon zu sagen. Wie sähe Ihre Reaktion aus? Was würden Sie tun, wenn Ihnen Ihr Vater später sagte, daß ihn allein der Gedanke verrückt machte, daß Ihre Mutter fremdgehen könnte, er aber Gott sei Dank wüßte, daß dies ja doch nur eine böse Phantasie sei?

128 Wenn einhundert Menschen per Zufall ausgewählt würden – wie viele von ihnen, glauben Sie, führen ein befriedigenderes Leben als Sie?

129 Wenn Sie an einen Strand kommen, der sich dann als Nacktbadestrand erweist, würden Sie bleiben und schwimmen gehen? Würden Sie nackt baden?

130 Haben Sie innerhalb der letzten drei Monate befriedigenden Sex erlebt?

131 Würde es Sie sehr stören, wenn Sie wüßten, daß nach Ihrem Tode Ihre sterbliche Hülle einfach in einen Wald geworfen und dort dem Verfaulen überlassen würde?
Warum?

132 Was würden Sie vorziehen: ein wildes, turbulentes Leben voller Spaß, Kummer, Leidenschaft und Abenteuer, berauschender Erfolge und niederschmetternder Rückschläge? Oder ein glückliches, gesichertes voraussehbares Leben umgeben von lieben Freunden und guter Familie ohne solch ein großes Spektrum an Erlebnissen und Stimmungen?

---

133 Wenn Sie schon vorher wüßten, daß Ihr Kind schwer zurückgeblieben wäre und bereits im Alter von fünf Jahren sterben müßte: Würden Sie den Entschluß zu einer Abtreibung fassen?*

134 Fällt es Ihnen dermaßen schwer, »Nein« zu sagen, daß Sie immer wieder Gefälligkeiten erweisen, die Sie überhaupt nicht erweisen wollen? Wenn ja, warum?

135 Wenn Sie sich plötzlich zu einem/r Angehörigen einer anderen Rasse hingezogen fühlten – inwiefern würde sich Ihr Verhalten von dem einem Angehörigen Ihrer eigenen Rasse gegenüber unterscheiden?

136 Würden Sie lieber einen Monat gemeinsam mit Ihren Eltern Urlaub machen oder vier Wochen lang in Ihrem derzeitigen Beruf Überstunden schieben ohne entsprechende Steigerung der Einkünfte?

137 Würden Sie gern das exakte Datum Ihres Todes wissen?

138 Würden Sie eine garantierte lebenslange Rente von 200 000 Mark pro Jahr (inklusive jährlicher inflationsbedingter Anpassung) akzeptieren, wenn dies bedeuten würde, daß Sie eine rein private Existenz führen müßten, ohne Teilnahme am Arbeitsprozeß und ohne die Möglichkeit, einen produktiven Wirkungskreis aufzubauen?

139 Was ist – falls es das überhaupt gibt – für Sie so ernst, daß sich darüber zu scherzen verbietet?

140 Spucken Sie manchmal in der Öffentlichkeit aus oder bohren in der Nase? Was halten Sie vom Zähnesäubern per Zahnstocher?

141 Ein enger Freund erfragt – und erwartet aufrichtig – Ihre Ansicht zu irgend etwas, aber Ihre Ansicht dazu wäre von einer für ihn schmerzhaften Art. Zum Beispiel: Ihr Freund ist Künstler und begehrt Ihre ehrliche Einschätzung seiner Chancen, jemals erfolgreich zu werden. Sie glauben nun aber, daß er ein schrecklicher Dilettant ist, der nicht die geringste Erfolgsaussicht hat. Was würden Sie tun?

142 Haben Sie eine stark bevorzugte sexuelle Phantasie? Wünschen Sie sich, daß sie erfüllt wird?

143 Wenn Sie wüßten, daß ein thermonuklearer Holocaust in exakt zwanzig Jahren stattfände und niemand überleben könnte – wie würden Sie Ihr Leben ändern?

144 Wann haben Sie zum letzten Mal in Gegenwart einer anderen Person geweint? Wann für sich allein?

145 Wenn Sie für eine fünf mal fünf Zentimeter große Tätowierung fünf Leben retten und einen terroristischen Angriff verhindern könnten – würden Sie's machen lassen? Wenn Sie außerdem selbst die Stelle und den Entwurf der Tätowierung bestimmten dürften: Wo würden Sie sie haben wollen und was für ein Motiv sollte es sein?

146 Jemand, den Sie sehr lieben, wurde brutal ermordet, und Sie kennen die Identität des Täters, der unglücklicherweise von der Anklage des Mordes freigesprochen wird. Würden Sie auf Rache sinnen?

147

Wären Sie bereit, fünf Jahre lang aufs Fernsehen zu verzichten, wenn Sie damit einen Menschen dazu bringen könnten, 1000 hungernden Kindern in Indonesien zu helfen?

148

Sie haben am Telefon einen Streit mit einer guten Freundin, und sie wird wütend und legt auf. Angenommen, sie ist im Unrecht, unternimmt aber keinen Versuch, wieder mit Ihnen Kontakt aufzunehmen. Wie lange würden Sie warten, um von sich aus wieder mit ihr ins Gespräch zu kommen?

149 Worauf kommt es Ihnen in Beziehungen am meisten an?

150 Wenn Sie erfahren würden, daß Sie in wenigen Tagen sterben müßten, was würden Sie bedauern? Wären Ihnen dann fünf weitere Jahre gegönnt – könnten Sie in diesen fünf Jahren das, was Sie andernfalls zu bedauern hätten, verwirklichen bzw. beseitigen?*

151 Beurteilen Sie andere nach höheren oder niedrigeren Maßstäben als sich selbst?

152 Wären Sie zur Erlangung eines der folgenden Ziele bereit, ein beträchtliches Opfer zu bringen: Ihr Bild auf einer Briefmarke, Ihre Statue in einem Park, eine Hochschule, die Ihren Namen trägt, einen Nobelpreis, einen Gedenktag Ihnen zu Ehren?*

153 Auf einem Flug unterhalten Sie sich angeregt mit einem/r Fremden von durchschnittlicher Erscheinung. Unerwarteterweise bietet diese Person Ihnen 50000 Mark für eine Liebesnacht mit ihr an. Sie wissen, daß keinerlei Risiko damit verbunden wäre und die Bezahlung garantiert: Würden Sie das Angebot akzeptieren?*

154 Wenn Sie die nächsten zwei Jahre in einem kleinen, aber komplett ausgestatteten antarktischen Bunker verbringen müßten und nur eine Person bei sich haben dürften: Wen würden Sie am liebsten bei sich haben?

155 Ihnen fällt ein eindeutig selbstzerstörerisches Verhaltensmuster an einem Freund auf, der sich dessen offenkundig selbst nicht bewußt ist. Würden Sie ihn darauf hinweisen?

156 Wenn Sie die Wahl hätten zwischen einem/r sehr intimen Vertrauten und darüber hinaus keinen weiteren engen Freunden einerseits und keinem/r solchen engen Vertrauten, aber dafür vielen Freunden und Bekannten – wie würden Sie sich entscheiden?

157 Sie geraten in eine tiefe romantische Beziehung, erkennen aber nach sechs Monaten, daß Sie diese Beziehung aufgeben müssen. Wenn Sie mit Sicherheit wüßten, daß diese Person sich umbringen würde, wenn Sie sie aufgäben, und außerdem mit Sicherheit wüßten, daß Sie mit dieser Person nicht glücklich werden könnten: Was würden Sie tun?

158 Wenn Sie sehr sexy aussehen wollten, wie würden Sie sich anziehen?

159 Wären Sie für 5000 Mark bereit, in einem überfüllten Restaurant plötzlich aufzustehen und mindestens eine Minute lang eine Kellnerin wegen einer eindeutigen Lappalie mit lauter Stimme herunterzuputzen? Wenn nicht, bedenken Sie immerhin, wie dankbar Ihnen die Kellnerin wäre, wenn Sie's doch tun würden, um später das Geld mit ihr zu teilen.

160 Wenn es im Fernsehen eine öffentliche Hinrichtung gäbe: Würden Sie sie sich anschauen?

161 Wenn Ihnen jemand einen satten Geldbetrag für Informationen über ein Produkt Ihrer Firma bieten würde, würden Sie ihn annehmen? Gehen Sie davon aus, daß Sie später nicht ertappt werden.*

162 Halten Sie sich für einen ordentlichen, systematischen Menschen? Wie oft müssen Sie Ihr Schlüsselbund suchen?

163 Wenn eine häßliche Narbe von Auge zu Mund Ihnen zu einer Steigerung Ihres Intelligenzquotienten um vierzig Punkte verhelfen könnte – würden Sie eine wollen?

164 Wären Sie bereit, fünf Jahre lang etwas äußerst Unbefriedigendes zu tun (beispielsweise Toiletten säubern etc.), wenn Sie dafür sicher sein dürften, daß diese Erfahrung Ihnen später zu einem tiefen Gefühl persönlicher Erfüllung für den Rest Ihres Lebens verhilft?

165 Welche Dinge sind für Sie zu persönlich, um sie mit anderen zu besprechen?

166 Wie oft am Tage betrachten Sie sich im Spiegel?

167 Sie gehen eine ruhige Straße entlang und entdecken dort eine Brieftasche. Sie enthält zwar bare 10000 Mark, aber weder einen Namen noch irgendeine Adresse. Was tun Sie? Machte es für Sie einen Unterschied, wenn Sie entweder Namen, Adresse und Foto eines wohlhabend aussehenden jungen Mannes oder einer verlebt dreinschauenden alten Frau darin entdecken würden?*

168 Wären Sie, wenn überhaupt, lieber blind oder taub?

169 Wären Sie zufrieden mit einer Ehe, die in jeder Hinsicht höchste Ansprüche erfüllte bis auf einen: Sie verliefe ohne Sex?*

170 Wann haben Sie zum letzten Mal etwas gestohlen? Warum haben Sie seither nichts mehr gestohlen?

171 Wie viele Ihrer Freundschaften haben mehr als zehn Jahre überdauert? Welcher Ihrer derzeitigen Freunde wird Ihrem Gefühl nach auch noch in zehn Jahren wichtig für Sie sein?

172 Wenn Sie die Ihre persönliche Vergangenheit betreffenden Erinnerungen nach Lust und Laune so umformen könnten, daß nur eitel Freude herauskäme – würden Sie's tun?

173 Bevor Sie jemanden anrufen – üben Sie manchmal vor dem Gespräch, was Sie dann sagen wollen?

---

174 Wie alt waren Sie, als Sie zum ersten Mal Geschlechtsverkehr hatten?*

175 Sie führen hundert Menschen an, deren Leben in Gefahr ist, und Sie müssen wählen zwischen zwei Wegen. Der eine würde nur neunzig Menschen retten; der andere böte eine fünfzigprozentige Chance, jeden zu retten, wobei die anderen fünfzig Prozent den Tod aller bedeuteten. Welchen wählen Sie?*

176 Sie sind mit einem/r Freund(in) im Kino, und Sie finden den Film lausig. Würden Sie mitten in der Vorstellung gehen?

177 Wären Sie für zwei Millionen Mark bereit, Ihre(n) beste(n) Freund(in) niemals wiederzusehen oder zu sprechen?*

178 Was empfinden Sie als das Beste in Ihrem Leben? Und was als das Schlechteste?

179 Haben Sie irgendwann schon einmal jemanden nur deshalb nicht gemocht, weil er mehr Glück oder mehr Erfolg hatte als Sie?

180 Während Sie sich zusammen mit einem Fremden in einem völlig dichten Schutzraum tief in einem Bergwerksstollen befinden, bricht dieser ein. Bevor auch die Telefonverbindung zusammenbricht, erfahren Sie noch, daß die gesamte Grube von der Außenwelt abgeschnitten ist und der Durchstich für die Zufuhr von Atemluft erst nach dreißig Stunden gelungen sein wird. Wenn Sie beide aus dem Rot-Kreuz-Kasten Schlaftabletten einnehmen, wird Ihr Sauerstoff nur noch zwanzig Stunden reichen. Sie beide also können nicht überleben. Allein allerdings gelänge das. Nachdem Sie sich das gemeinsam durchgerechnet haben, nimmt der Fremde mehrere Schlaftabletten, sagt noch: Es liegt in Gottes Hand, und schläft fest ein. Sie haben eine Pistole bei sich. Was tun Sie?

181 Wenn Ihnen jemand ein Kompliment macht – erkennen Sie es im allgemeinen an, oder sagen Sie, daß Sie es eigentlich gar nicht verdient hätten?

182 Was alles könnten Sie tun, wenn Sie so extrovertiert und kommunikationsfreudig wären, wie Sie es gern wären? Übernehmen Sie im allgemeinen die Initiative zum Beginn von Freundschaften oder haben Sie es lieber, wenn man auf Sie zukommt?

---

183 Sie entschließen sich dazu, etwas zu unternehmen, wovon Ihnen Ihre Freunde mit Nachdruck abraten. Können Sie es dennoch tun?

184 In einem hübschen Restaurant, in dem Sie gerade vorzüglich gegessen haben, bekommen Sie die Rechnung kredenzt und Ihnen fällt auf, daß ein Teil Ihrer Bestellung nicht berechnet worden ist. Würden Sie das der Bedienung mitteilen?

185 Benötigen Sie in Ihrem Leben gewisse Rituale, feste Routinehandlungen? Schlafen Sie beispielsweise immer an derselben Stelle Ihres Bettes? Nehmen Sie Ihre Mahlzeiten immer zur selben Zeit ein? Kehren Sie regelmäßig an Ihren Urlaubsort zurück?

186 Kann man auf Sie zählen, wenn Sie sagen, daß Sie etwas tun? Bereitet es Ihnen Mühe, Vertrauen zu anderen aufzubringen?

187 Haben Sie den Eindruck, viel Einfluß auf Menschen zu haben, mit denen Sie zusammenkommen? Fällt Ihnen jemand ein, der binnen einer nur kurzen Zeitspanne Ihr Leben bedeutend beeinflußt hat?

188 Wären Sie lieber glücklich und dafür schwer von Begriff und phantasielos – oder lieber unglücklich und dabei helle und schöpferisch? Würden Sie z. B. lieber das Leben eines brillanten, aber gequälten Künstlers à la Vincent van Gogh oder das einer glücklichen, aber sorglosen Seele führen, die von einfachem Geiste ist?

189 Wenn Sie mit guten Freund(inn)en zusammen sind, gehört dann zu Ihrer Gestik viel physischer Kontakt, wie zum Beispiel Küssen, In-den-Arm-Nehmen oder Schulterklopfen? Hätten Sie selbst gern mehr physischen Kontakt?

190 Angenommen, Sie könnten sich ohne Chance zur Rückkehr in die Zukunft versetzen, würden Sie das tun? Wenn nicht, würden Sie es sich doch noch überlegen, wenn Sie jemanden mitnehmen dürften? Wie weit würden Sie gehen?

191 Wenn Sie zu einer Party gehen – halten Sie es dann eher mit zu guter oder unauffälliger Kleidung?

192 Der Tod welches Ihnen nahestehenden Menschen würde Sie am tiefsten treffen?

193 Sie haben einen Abend mit einem/r Freund/in arrangiert, aber einen Tag vor dem Treffen ergibt sich die Gelegenheit zu etwas viel Aufregenderem. Wie würden Sie die Situation handhaben?

194 Was war bisher die größte Enttäuschung in Ihrem Leben? Ihr größter Fehlschlag?

195 Wenn Sie Ihr ganzes Leben in jeglicher Hinsicht treu umsorgt und in friedlichem Schlummer voller wunderbarer Träume verbringen könnten – würden Sie?

196 Ihnen werden fünf Millionen Mark übergeben mit dem Auftrag, sie weiterzuleiten, und zwar entweder für einen karitativen Zweck oder für einen fremden Menschen. Wie würden Sie das einrichten?

197 Wenn Sie sich mit Menschen unterhalten – hören Sie da eher zu oder reden Sie eher mehr als andere?*

---

198 Ertappen Sie sich immer wieder dabei, daß Sie – nur um höflich zu sein – Dinge sagen, die Sie gar nicht meinen? Wenn Sie sich beispielsweise von jemandem verabschieden, der Sie überhaupt nicht interessiert: Tun Sie dann so, als hätten Sie seine/ihre Gesellschaft als angenehm empfunden?

199 Wären Sie zum Meineid für eine(n) enge(n) Freund(in) bereit? Würden Sie beispielsweise aussagen, er/sie sei rücksichtsvoll gefahren, obwohl er/sie einen Fußgänger verletzt hat, weil er/sie Unsinn machte und nicht aufpaßte?

200 Im Verhältnis zur Gesamtbevölkerung: Wie schätzen Sie Ihre äußerliche Attraktivität ein? Ihre Intelligenz?

201 Auf dem vereisten Bürgersteig direkt vor dem Haus Ihres Nachbarn laufen Sie zu hastig, rutschen aus und brechen sich ein Bein. Wäre es denkbar, daß Sie den Hauseigentümer belangen, vorausgesetzt, Sie könnten darauf vertrauen, den Streit zu gewinnen, indem Sie ihm vorwerfen würden, er hätte den Gehsteig von Schnee und Eis freimachen müssen?

202 Wenn Sie entweder ein Erdbeben in Peru, das 40000 Menschen töten würde, einen Flugzeugabsturz auf dem nächsten Flughafen, der 200 Menschen das Leben kosten würde, oder aber einen Autounfall, der einen Ihrer Bekannten umbringen würde, verhindern könnten, wofür würden Sie sich entscheiden?

203 Würden Sie für 150 000 Mark eine Schale voller lebender Grillen verzehren?

204 Schlafen Sie gern mit Körperkontakt zu Ihrem/r Partner(in)?

205

Wenn Sie an den Ort eines schrecklichen Verkehrsunfalls auf der Autobahn kämen und die Krankenwagen gerade schon eingetroffen wären – würden Sie anhalten, um zuzuschauen? Gehen Sie dabei davon aus, daß Ihre Anwesenheit den Rettern weder nützen noch sie behindern würde.

206

Wenn Sie das »Drehbuch« zu dem Traum für die kommende Nacht schreiben könnten: Wie sähe die Story aus?

207 Ihnen wird die Chance geboten, an irgendeinen Punkt Ihres Lebens zurückzukehren, eine wichtige Entscheidung dort neu zu treffen und neu anzufangen. Gibt es eine solche Zeit, in die Sie zurückkehren wollten? Wenn ja: Würden Sie dann gern doch die Erinnerung an das Leben behalten, das Sie dadurch aufgaben, zumal Sie es nie wieder zurückbekämen?

208 Wären Ihnen 200 000 Mark genug, um ein anhängliches, völlig gesundes Haustier ins Tierheim zu bringen und einschläfern zu lassen?

209 Alle finanziellen Erwägungen beiseite gelassen: Würden Sie die nächsten fünf Jahre lieber in der Großstadt Frankfurt festgehalten verbringen oder eher in einem winzigen, isolierten, aber schönen Städtchen tief im Schwarzwald?

210 Was würden Sie gern von heute an gerechnet in fünf Jahren tun? Was glauben Sie, was Sie dann tatsächlich tun werden?

211 Welche bedeutsame Entscheidung haben Sie in Ihrem Berufsleben im wesentlichen aus der Intuition heraus getroffen? Und welche in Ihrem Privatleben?

212 Würden Sie gern zum/r Bundeskanzler/in gewählt? Warum? Wenn ja, wollten Sie auch dann noch Kanzler/in werden, wenn das bedeuten würde, daß Ihr Schlaf immer unruhig, gestört und von Alpträumen heimgesucht wäre?

213 Glauben Sie, die Welt wäre besser, wenn sich alle in derselben Sprache verständigen würden? Angenommen, eine andere verbreitete Sprache als gerade Deutsch würde ausgewählt, würden Sie sie lernen?

214 Welche Drogen haben Sie schon zum Vergnügen ausprobiert? Gibt es welche (z. B. Haschisch, Opium, Kokain, LSD, Heroin o. a.), die Sie gern einmal testen würden – vorausgesetzt, Sie befinden sich in entspannter Atmosphäre, werden von einem Arzt betreut und verstoßen nicht gegen das Gesetz?

215 Was reizt Sie an welchen Drogen? Und welche Ängste haben Sie diesbezüglich? Fürchten Sie eine körperliche oder psychische Schädigung? Sucht? Oder den Verlust von Kontrolle? Ängstigt Sie der Gedanke, Ihre Persönlichkeit könnte sich aufgrund der Drogenerfahrung ändern?

216

Gesetzt, eine fliegende Untertasse landete und außerirdische Wesen lüden Sie zu einem fünfjährigen Besuch auf ihren Planeten ein – würden Sie der Einladung Folge leisten? Und angenommen, Sie wären gezwungen, auf unbefristete Zeit mitzukommen, was würden Sie mitnehmen, wenn Sie einen Schrankkoffer füllen dürften?

217

Sind Sie jemals einem Handlungskurs gefolgt, der Ihnen kurzfristige Befriedigung verschafft hat, von dem Sie aber wußten, daß Sie ihn später bereuen würden? Sind Sie z. B. einmal eine aussichtslose Liebesbeziehung eingegangen?

218 Vorausgesetzt, Sie könnten für ein Jahr einer anderen Rasse angehören, würden Sie das Experiment machen? Setzen Sie voraus, daß Sie nach diesem einen Jahr auf Wunsch Ihr früheres Leben bruchlos wieder aufnehmen könnten.

219 Würden Sie einen Job akzeptieren, der doppelt so gut ist wie Ihr jetziger – doppelt so gut bezahlt wie befriedigend –, unter der Bedingung, daß Sie Ihren Freunden nichts davon erzählen und sich am Arbeitsplatz nicht über Ihr Privatleben äußern dürften?

220 Wenn Sie zwischen den folgenden beiden Lebenswegen wählen müßten, für welchen würden Sie sich entscheiden? Beim ersten werden Sie viele Jahre lang sehr glücklich sein, dann werden Sie sich nach und nach leer und unzufrieden fühlen. Beim zweiten werden Sie viele schwierige Jahre haben, sich mit dem Alter aber unbeschreiblich glücklich und erfüllt fühlen. Würden Sie Ihre Entscheidung ändern, wenn es möglich wäre, daß Sie Ihre letzten Jahre nicht mehr erleben würden?

221

Sie haben eine sehr seltene, anstekkende Krankheit, bei der Sie nur überleben können, wenn Sie den Rest Ihres Lebens in einem kleinen sterilisierten Raum verbringen. Glücklicherweise haben Sie Zugang zu allem, was Sie möchten: Musik, Werkzeuge usw. Könnten Sie sich ein solches Leben vorstellen, und wie würden Sie Ihre Zeit verbringen?

222

Angenommen, Sie haben keine Kinder, und die einzige Möglichkeit, eine Familie zu haben, würde bedeuten, jemanden zu heiraten, den Sie nicht lieben. Würden Sie's tun?

223 Wenn es eine Kristallkugel gäbe, die Ihnen über einen Punkt, der Ihr Leben betrifft, die Wahrheit mitteilen könnte – Ihre Zukunft oder irgend etwas anderes –: Was würden Sie wissen wollen?

224 Wenn man Ihnen ehrliche Antworten auf drei beliebige Fragen Ihrer Wahl zusichern würde: Wen würden Sie fragen, und welche Fragen wären das dann?

Zusatzfragen

Wie reizvoll wäre es sicherlich, an diesem Punkt nun mit Antworten aufzuwarten; nur: Persönliche Fragen wie diese ermöglichen keine unpersönlichen Antworten. Da jede Antwort eine Reflexion von Individualität und Erfahrung ist, müssen wir, um unsere Antworten angemessen einschätzen zu können, in unser Inneres schauen. Ebenso wie die anfänglichen Fragen wollen auch die Fragen in diesem folgenden Abschnitt keine »Antworten«, sondern daß wir dorthin weitergehen, wohin sie uns führen wollen. Obschon entwickelt, um im Zusammenhang mit den entsprechenden Sternchen-Fragen im vorderen Teil des Buches angewandt zu werden, kann dieser Teil auch unabhängig gelesen werden. Die Zusatzfragen schaffen neue Räume zum Nachdenken und illustrieren zudem, wie sich die Ausgangsfragen prüfen und weiterentwickeln lassen. Gute Fragen führen nicht zu Antworten. Sie führen zu weiteren Fragen.

9 Wenn man Sie des Landes verwiese und Ihnen nur begrenzte Geldmittel zur Verfügung stünden: Wohin würden Sie gehen, um ein neues Leben anzufangen?

11 Könnten Sie eine Person umbringen, wenn Sie ihr in die Augen sehen und sie von eigener Hand erstechen müßten? Haben Sie jemals wirklich jemanden umbringen wollen oder jemandem den Tod gewünscht?

14 Woher kommt es, daß Menschen häufig soviel Kraft und Energie in ihr Berufsleben investieren, wo doch so viele Menschen gerade Wert auf ein glückliches Privatleben legen? Wenn auch Sie meinen, Ihr Privatleben sei Ihnen wichtiger, setzen Sie dann Ihre Prioritäten auch dementsprechend? Ist es denkbar, daß Sie einfach nicht willens sind zuzugeben, daß die Arbeit doch wichtiger ist? Stellt die Arbeit für Sie irgendeinen Ersatz dar? Hegen Sie die Hoffnung, daß beruflicher Erfolg auf irgendeinem magischen Wege zu persönlichem Glück führen könnte?

---

17 Was bedeutet Ihnen die äußere Erscheinung einer Person? Wie würde es Ihr Leben verändern, wenn etwas geschähe, das Sie weniger attraktiv als jetzt erscheinen ließe?

19 Ist in der Liebe für Sie Intensität oder Dauer wichtiger? Wieviel erwarten Sie von jemandem, der Sie liebt? Was gäbe Ihnen das Gefühl, verraten worden zu sein von Ihrem/r Partner/in: Desinteresse? Unehrlichkeit? Untreue?

---

23 Wie ernsthaft müßte eine Affäre sein, bevor Sie bereit wären, darüber zu sprechen und erwarten, etwas darüber zu hören? Was macht eine solche Beichte so bedrohlich, daß die meisten Menschen lieber hintergangen sein wollen? Ist diese Art von Aufrichtigkeit also eher destruktiv oder führt sie zu größerer Intimität und größerem Vertrauen? In welchem Maße (ver)trauen Sie Ihrem/r Partner/in? In welchem Maße kann er/sie Ihnen vertrauen?

25 Verdient ein schönes Lebewesen mehr Mitgefühl als ein häßliches? Schadet es uns psychologisch, wenn wir etwas zerstören, das wir als schön empfinden? Wie bedeutungsvoll ist der Unterschied zwischen dem Ausreißen von Insektenflügeln und dem Todestritt auf das Insekt? Ist die Entscheidung der Tötungsart hier eher eine zweitrangige Entscheidung, wenn man sie vergleicht mit der Entscheidung, zu töten oder nicht zu töten?

---

26 Würde es Sie mehr quälen, das Blut eines unschuldigen Menschen an Ihren Händen zu haben oder zu wissen, daß Sie Millionen Menschen sterben lassen? Was halten Sie von Menschen, die große Dinge erlangen, indem sie Prinzipien durch Kompromisse verraten? Viele sind bereit, ihr Leben zu geben, aber nicht bereit, jemandes Leben zu nehmen; gibt es etwas von solcher Bedeutung für Sie, daß Sie dafür sogar Ihre Seele opfern würden?

35 Glauben Sie, ausreichend Zeit zur Verfügung zu haben? Wenn nicht, was würde Ihnen dieses Gefühl vermitteln können? In welchem Maße hat sich Ihre Vorstellung von »Zeit« mit dem Älterwerden gewandelt?

39 Welcher Art sollen die Menschen sein, mit denen Sie gern Ihre Zeit verbringen? Was regen diese Menschen in Ihnen an, was andere nicht zu tun vermögen? Was können Menschen über Sie lernen, wenn sie sich Ihre Freunde genauer anschauen?

42 Haben Sie sich jemals gleichgeschlechtlich zu jemandem hingezogen gefühlt? Zu jemandem in Ihrer Familie? Wenn ja, wie sind Sie damit umgegangen?

45 Sollte es illegal sein, einer todkranken Person Sterbehilfe zu gewähren? Wenn jemand nicht lebensgefährlich krank ist, aber chronische Schmerzen erleidet: Sollte man dieser Person gestatten, Suizid auszuüben? Wie steht es damit, wenn der Schmerz dieser Person eher seelischer denn körperlicher Art wäre?

48 Was suchen Sie in einem Freund, was Sie wiederum in einem/r Geliebten weder erwarten noch wollen? Verlaufen Ihre Freundschaften im allgemeinen befriedigend? Fühlen Sie sich von Menschen angezogen, deren Umgang Ihnen guttut?

50 Würden Sie lieber als Held, als großer Märtyrer, in einer Naturkatastrophe oder in Frieden daheim im Bett sterben? Warum ist es so verlockend, sich selbst im Schlafe sterbend vorzustellen? Wie beeinflussen Ihre Gefühle im Bezug auf den Tod das Leben, das Sie führen?

51 Wie oft halten Sie inne und denken nach über die Art, wie Sie leben und wohin Sie im Leben gehen? In welcher Weise würde das Erreichen Ihrer Ziele Ihr Leben befriedigender machen können?

---

58 Können Sie gut verzeihen, wenn Freunde sich Ihnen gegenüber schlecht verhalten?

---

62 Wenn Sie irgendwann im letzten Jahrhundert gelebt und die Gabe hätten, in die Zukunft zu schauen und zu sehen, daß im folgenden Jahrhundert das Automobil fünf Millionen Menschen das Leben kosten würde – was würden Sie hinsichtlich dieser neuen Erfindung empfinden? Gibt es für Sie ein wissenschaftliches Gebiet, das besser unentdeckt bleiben sollte? Wenn ja, welche Bereiche der Forschung sollten Ihrer Ansicht nach eingeschränkt werden?

65 Beeinflussen Ihre Kommentare und Vorschläge andere Menschen wesentlich? Wie könnten Sie Ihre Anregungen präsentieren, damit deren Einfluß wächst?

---

66 Würden Sie für irgend jemanden, der Ihnen nahe steht, Ihr Leben eher aus Verantwortungsgefühl oder aus Liebe riskieren? Würde es etwas ausmachen, wenn Sie das verweigern könnten und niemand je davon erführe? Was wäre, wenn die betreffende Person Sie bäte, Ihr Leben *nicht* aufs Spiel zu setzen?

---

67 Verleiht es Ihrem Leben mehr Kraft und/oder Macht, wenn Sie es so leben, als könnten Sie Ihr Schicksal steuern?

70 Was würden Sie tun, wenn Sie feststellten, daß Sie von Schlaflosigkeit und einmal monatlich schweren Alpträumen heimgesucht würden, sofern Sie nicht Ihren Beruf wechselten und dadurch 25 Prozent weniger verdienten? Gibt es etwas Schlimmeres für Sie als den schlimmsten Alptraum?

---

78 Wie reagieren Sie auf die Vorstellung, daß mehr Menschen für Geld zu Sex bereit wären, als sich nicht zu waschen? Ein Jahrhundert zuvor wäre das nicht der Fall gewesen; glauben Sie, daß unsere sexuelle Permissivität eine gesunde Entwicklung ist? Was halten Sie von unserer zunehmenden Wertschätzung persönlicher Hygiene? Wie wichtig ist Werbung in diesen Hinsichten?

---

85 Wie möchten Sie nach Ihrem Tode am liebsten in Erinnerung behalten werden? Was soll an Ihrem Grab gesprochen werden? Wen wünschen Sie sich als Trauerredner?

88 Hätten Sie gern ein Kind, das intelligenter und attraktiver wäre als Sie? Welche Probleme könnten daraus erwachsen? Was würde es Ihnen ausmachen, ein häßliches, dummes oder verkrüppeltes Kind zu haben? Um sicherzugehen, daß Ihr Baby intelligent, attraktiv und gesund zur Welt käme: Würden Sie eine sichere medizinische Prozedur anwenden, um genetisch den Embryo zu verändern? Würden Sie ein dieser Art manipuliertes Kind noch immer als das Ihre ansehen?

---

90 Ist es besser, Träume zu haben, die nie aufhören, oder überhaupt keine Träume zu haben? Wie stark verändert wäre Ihr Leben, wenn die Dinge, die Sie sich zu tun oder zu besitzen erträumen, Ihnen realiter zugesichert werden könnten?

99 Im Sinne ihrer verhältnismäßigen Unerfreulichkeit – wie würden Sie die folgenden Vorgaben bewerten: ein Nacktspaziergang in der Öffentlichkeit; von einer Menschenmenge bespieen zu werden; eine Festnahme wegen Ladendiebstahls; Betteln um Geld am Flughafen? Was ist das Peinlichste, das Sie sich denken können?

100 Glauben Sie, daß Kinder vor Unglück bewahrt werden müßten? Was hat sich später als das Wertvollste Ihrer Kindheit dargestellt? Was war am schwierigsten zu bewältigen?

105 Wie schwer wäre es, älter als alle Menschen zu werden, denen man nahesteht, und sie so sämtlich zu verlieren? Wenn Sie ein erheblich verlängertes Leben hätten, würden Sie so viele Erfahrungen machen, daß Sie sich alsbald wie umringt von lauter Kindern vorkämen? Wären Sie fähig, sich den dramatischen sozialen Veränderungen anzupassen? Würden Sie bald ermüden in dem Gefühl, daß nichts Interessantes geblieben ist? Wachsen mit dem Gefühl, daß das Leben zu kurz sei, Intensität und Leidenschaftlichkeit auf wünschenswerte Weise?

---

108 Sie sehen, daß jemand bei einem Test betrügt. Was tun Sie? Was wäre, wenn Sie sich einem Ehrenkodex verpflichtet hätten?

---

113 Auf welche Weise wäre die Welt eine andere, wenn Sie tatsächlich irgendein bestimmtes historisches Ereignis abändern könnten? Wie sicher wären Sie, daß die Konsequenzen daraus auf *lange* Sicht positiv wären?

116 Glauben Sie, daß sich Ihre Freunde in der Beurteilung Ihrer Persönlichkeit einig wären? Wieviel Energie bringen Sie auf, um bei anderen Menschen einen positiven Eindruck zu hinterlassen? Gesetzt, Ihnen wäre die Ansicht anderer über Sie völlig gleichgültig – was würden Sie dann beispielsweise tun? Was empfinden Sie, wenn Menschen Sie mögen, weil sie Sie falsch einschätzen?

---

122 Wenn Sie ein großes Opfer bringen, erzählen Sie das anderen oder behalten Sie es für sich? Ärgert es Sie, wenn Ihre Opfer von anderen nicht anerkannt werden? Was würden Sie bewußt niemals opfern? Ihr Leben? Ihre Gesundheit? Ihre Integrität? Ihre Träume?

---

124 Behandeln Sie Ihre Kinder anders, als Sie selbst früher behandelt worden sind? Wenn Sie bereits Kinder großgezogen haben und dies noch einmal tun könnten mit all dem Wissen, das Sie heute haben: Was würden Sie anders machen?

129 Schätzen Sie Ihren eigenen Körper? Gesetzt, Sie erwachen an einem schönen warmen Morgen und trödeln zu Hause herum: Wie lange lassen Sie sich mit dem Ankleiden Zeit? Was tragen Sie, wenn Sie schlafen?

133 Was empfinden Sie bei dem Gedanken, ein nicht normal entwickeltes Kind bei seiner Geburt zu töten? Sollte eine Frau das Recht auf Abtreibung haben, aus welchen Gründen sie es immer will? Welche Rechte sollte der Vater haben? Wenn Ihre 15jährige Schwester schwanger würde, würden Sie ihr zu einer Abtreibung raten? Wenn Sie ein entwicklungsgestörtes Baby hätten, würden Sie es in ein geschlossenes Pflegeheim geben?

137 Wie mag das Wissen um den Zeitpunkt des eigenen Todes den Lebensplan beeinflussen? Wird das Leben dadurch bereichert, daß man weiß, daß der Tod jeden Augenblick kommen kann? Oder daß man über den Tod überhaupt nicht nachdenkt? Wenn Sie von einem Menschen wüßten, daß er sterben müßte, würden Sie ihm die Wahrheit sagen oder ihn eher täuschen wollen? Wie viele Jahre, glauben Sie, haben Sie noch zu leben?

---

138 Würden Sie einen Beruf annehmen, der wesentlich weniger Spaß macht, aber doppelt soviel Geld bringt wie Ihr derzeitiger? Wenn Sie unabhängig von Ihrer Berufswahl genauso viel Geld bekommen würden, wie Sie jetzt verdienen, was für eine Arbeit gefiele Ihnen dann am meisten? Wenn Sie finanziell unabhängig wären, würden Sie weiterarbeiten? Wenn nicht, was würden Sie dann tun?

150 Können Sie sich vorstellen, wie Sie wohl später zurückschauen werden auf die Dinge, die Sie zur Zeit tun? Wenn ja, wie bewußt versuchen Sie heute so zu leben, daß es dieser erdachten Rückschau entspricht?

---

152 Widerfahren Ehrungen jenen, die sie suchen, oder solchen, die sich nicht um Ruhm scheren und nur an ihre Arbeit denken? Wie sehr lassen Sie sich von Ruhm und Verdiensten beeindrucken? Bedeutet Ihnen das Wissen, etwas von Bedeutung zustande gebracht zu haben, soviel wie das Lob und die Achtung von außen?

---

153 Woher kommt die starke Stigmatisierung der Prostitution? Besteht ein so großer Unterschied zwischen der Lust am Sex gegen Bares und dem Sex in der Hoffnung auf die Sicherung der Zukunft? Beeinflußt das Volumen der Bezahlung die Natur des Geschäfts?

161 Was halten Sie davon, mal einen Tag krankzufeiern, obwohl Sie gesund sind? Haben Sie auf Ihrer Arbeitsstelle jemals unerlaubte, private Ferngespräche geführt oder Werkzeug oder Produktionsgüter von dort mit nach Hause genommen? Haben Sie je eine Kontrollkarte oder einen Ausgabenplan manipuliert? Wenn Sie aufgrund eines Computerfehlers zuviel Geld bekämen, würden Sie das melden? Sehen Sie solche moralischen Dilemmata als Schwarz-Weiß-Fragen an?

167 Die meisten Menschen sagen, daß sie eine auf der Straße gefundene volle Brieftasche zurückgeben würden; glauben Sie denen? Die meisten glauben außerdem, daß ihnen *ihre* verlorene Brieftasche nicht zurückgegeben werden würde; sehen Sie das auch so? Wie erklären Sie sich diesen Widerspruch? Würden Sie finanziell ein Experiment fördern, um herauszufinden, ob Menschen wirklich ehrlich genug sind, volle Brieftaschen zurückzugeben?

169 Sind Sie fähig, Sex von Liebe zu trennen? Könnten Sie damit zufrieden sein, sich sexuelle Befriedigung von anderen Menschen als Ihrem/r Partner/in zu verschaffen? Wenn Sie an Sex denken, denken Sie dann an ein breites Spektrum an Berührungen, an Umarmungen und Zärtlichkeit oder hauptsächlich an den Geschlechtsakt selbst?

---

174 Glauben Sie, daß Sie heute besser dran wären, wenn Sie mit dem Sex länger gewartet hätten? Oder wenn Sie damit früher begonnen hätten? War Ihr erstes sexuelles Erleben, wie Sie es sich vorgestellt hatten?

---

175 Was wäre, wenn Sie die zehn Menschen auswählen müßten, die zu sterben hätten? Würden Sie es vorziehen, daß jemand anderes in der Gruppe diese Entscheidung träfe, auch dann, wenn Sie selbst einer der zehn Ausgewählten sein könnten?

177 Wenn man Ihnen einen wesentlich besseren Job in einer anderen Stadt anböte und damit feststünde, daß Sie über Jahre hin den Kontakt zu ihrem/r engsten Freund/in verlieren würden: Würden Sie dennoch gehen?

---

190 Was würde Sie dazu bringen, Ihr gewohntes Leben aufzugeben und sich Unbekanntem zuzuwenden? Waren die Menschen voriger Jahrhunderte begabter für Abenteuer als wir heute, oder war es einfach nur schwieriger, Risiken und Abenteuer zu vermeiden? Inwieweit macht Überfluß Menschen selbstgefällig und zu Gegnern von Risiken?

---

197 Worauf sind Sie in Unterhaltungen mit anderen aus? Über was reden und diskutieren Sie allgemein am häufigsten? Gibt es andere Dinge, die Sie mehr interessieren würden?

Dank

Besonders herzlich möchte ich mich bei David Breznau bedanken, der sich der organisatorischen Fragen angenommen hat, die ein Buch dieser Art aufwirft. Ohne seine Unterstützung in Entwicklung und Ausstattung würde dieses Buch nicht existieren.
Ich bin für Hilfe, Ermutigung und tatkräftige Unterstützung Libby Anderson, Ann Cole, Steve Cole, Lorraine Campbell, Richard Campbell, Margarete Green, Al Jackson, Sandra Eugster, Ginny Mazur, Don Ponturo, Peter Trent, Fred Weber und Arshad Zaharia verpflichtet. Meinem Verleger Michael Cader möchte ich vor allem für seine zahlreichen wertvollen Anregungen danken. Claudia Summer hat mir mit Ideen und hilfreichen Kommentaren beigestanden, die entscheidend zur Entstehung und endgültigen Konzeption dieses Buches beigetragen haben; John Summer und ich erlebten faszinierende und beglückende »brainstorming sessions« mit den Fragen, von denen viele auf seine reiche Phantasie zurückgehen. Bei beiden möchte ich mich bedanken.

Gregory Stock erwarb 1977 seinen Doktorgrad in Biophysik an der Johns Hopkins University und hat Arbeiten veröffentlicht über die Bewegungsfähigkeit von Bakterien, die Gliedmaßen-Regeneration von Amphibien, die Streuung von Laserlicht und über dreidimensionale Computerdarstellungen. Außerdem entwickelte er Software für das elektronische Bankwesen und besuchte die Harvard Business School (m. b. a., baker scholar). Gegenwärtig arbeitet er an einem neuen Buch und ist mit Forschungsarbeiten für gemeinnützige Organisationen beauftragt.